AF321169

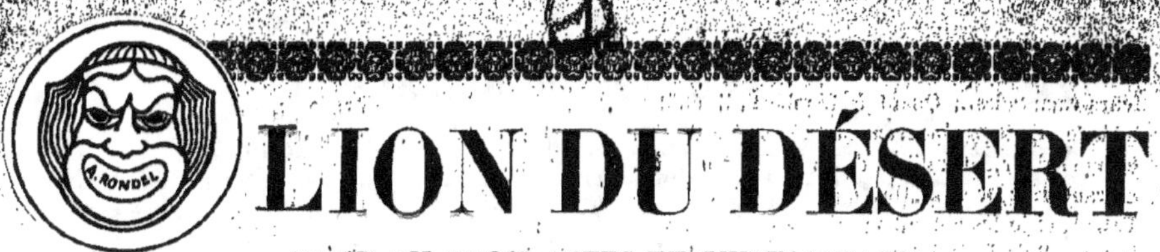

LION DU DÉSERT

PIÈCE EN TROIS ACTES ET SIX TABLEAUX,

PAR MM. FERDINAND LALOUE ET F. LABROUSSE,

Représentée pour la première fois, à Paris, sur le théâtre national du Cirque-Olympique,
le 27 novembre 1839.

DISTRIBUTION DE LA PIÈCE.

MAURICE, lieutenant	MM. HENRI.	UN GÉNÉRAL DE DIVISION	MM. ARNOLD.
VACOSSIN, soldat	LEBEL.	UN ARABE	ALPHONSE S.
BRISQUET, soldat	RAYMOND.	UN AUTRE ARABE	VÉZIAN.
LE CHEIGK BEN-ISMAEL	CHÉRI.	UN SERGENT	PRÉAULON.
MOADI	DARCOURT.	UN OFFICIER	CHAMBET.
LAMBERT, sergent	PATONELLE.	FATMÉ, sœur d'Abdallah	Mlle FAIDY.
JOSUÉ, juif	WILLIAMS.	OFFICIERS ET SOLDATS FRANÇAIS.	
ABDALLAH, Arabe	CARTER.	ARABES.	

ACTE PREMIER.

PREMIER TABLEAU.

À Alger. — La place du Marché. À droite, un corps-de-garde ; dans le fond, la rue qui conduit à la porte Babazoun.

SCÈNE I.

MAURICE, OFFICIERS, LE SERGENT, SOLDATS.

(Maurice et les officiers sont assis à la porte du poste,
et fument.)

MAURICE.

Oui, mes amis, si j'ai subi toutes les rigueurs auxquelles doit s'attendre un prisonnier des Bédouins, j'ai trouvé parmi eux un homme admirable de dévoûment et d'humanité. Depuis que je suis revenu à Alger, je n'éprouve qu'un regret, c'est qu'il n'ait pu me suivre, lui et le brave sergent Lambert, que les Arabes Borgia firent prisonnier avec moi, dans cette excursion dont vous étiez comme nous.

UN OFFICIER.

Et c'est à ce digne Bédouin que vous avez dû la liberté, lieutenant Maurice ?

MAURICE.

La liberté et la vie, voilà ce que je lui dois, mon cher camarade... Et vous allez savoir comment... Sergent, le marché ne tardera pas à commencer ; des factionnaires sur la place !...

LE SERGENT.

Oui, lieutenant.

(Il sort avec un peloton de soldats.)

MAURICE, continuant.

Une fois au pouvoir des Arabes, Lambert et moi, il ne nous resta aucune incertitude sur la manière dont nous serions traités... Les menaces, les coups, les outrages, une course forcée, à pied, à la suite de leurs chevaux : tel fut notre apprentissage avant de parvenir au campement de la tribu... En y arrivant, nous tombâmes épuisés de fatigues et de désespoir... Ce que nous eûmes à souffrir depuis, Dieu le sait, et cela vous paraîtrait à peine croyable... Enfin, nous fûmes mis sous la surveillance d'Abdallah... C'est le nom de mon sauveur, messieurs... Abdallah nous conduisit sous la tente qu'il habitait avec sa sœur Fatmé...

UN OFFICIER.

Fatmé, j'en suis sûr, va se trouver jeune et jolie... et vous en êtes amoureux, n'est-ce pas, Maurice?...

MAURICE.

C'est vrai... Abdallah et Fatmé nous traitaient avec une affection fraternelle... Un jour, la plus grande partie de la tribu se mit en marche pour une expédition, et on menaça de mort Abdallah s'il nous laissait échapper... Le lendemain, quelques Bédouins seulement revinrent... le reste avait péri... Ils arrivèrent furieux, et, à la suite d'une délibération, résolurent de me tuer, pour venger leurs camarades... Quant à Lambert, il était si malade, qu'ils ne jugèrent pas nécessaire de s'en occuper... Or, au milieu de la nuit, Abdallah, entrant avec précipitation dans la tente, éveilla Fatmé, et je les entendis parler vivement à voix basse... Puis Fatmé tomba aux genoux de son frère, et lui adressa des supplications...—Viens, me dit tout à coup Abdallah; elle veut te sauver, je le veux aussi, et que le prophète nous protége... — Et Lambert? lui dis-je. — On ne le menace pas, lui, tandis que ta tête doit tomber ce matin... D'ailleurs, il est si faible qu'il ne pourrait nous suivre; vous péririez tous deux... Viens!... Lambert se joignit à lui pour me décider... J'embrassai Fatmé, je suivis Abdallah qui me conduisit en vue des avant-postes français, et je le quittai plein de reconnaissance. Dieu veuille qu'il ait pu expliquer mon évasion, et qu'il n'ait pas été puni de son humanité!... Voilà ce qu'a fait Abdallah, messieurs, et puissé-je un jour m'acquitter envers lui!... Entre nous deux, c'est désormais à la vie et à la mort!... Les Arabes vont arriver pour le marché... il faut que j'aille m'assurer des postes... Au revoir!...

TOUS.

Au revoir!...

* * *

SCÈNE II.

Le Sergent, Soldats, BRISQUET, VACOSSIN.

LE SERGENT.

Il paraîtrait que l'exercice est fini; voilà ce fringant de Brisquet qui se promène avec ses recrues...

BRISQUET, à ceux qui le suivent.

Venez, venez, jeunes conscrits; vous allez voir tout à l'heure le marché de la superbe ville d'Alger... Vous y verrez des sultans qui vendent des vaches, et des sultanes qui nous apportent des légumes...

VACOSSIN.

Ça doit être plus charmant à l'œil que le marché de Poissy, si je ne m'abuse...

BRISQUET.

Comme tu dis, Marcassin...

VACOSSIN.

Vacossin, s'il vous plaît; Vacossin de père en fils, né natif de Gonesse...

BRISQUET.

Vacossin est un nom peu suffisant pour devenir maréchal de France; mais, c'est égal, tu m'intéresses, jeune conscrit, et je te prends sous ma protection immédiate... J'ai vingt-trois mois et demi de service, dont dix-huit dans le pays ci-inclus... Je t'apprendrai la manière de jouir des voluptés de l'Afrique...

VACOSSIN.

Eh! eh! eh!... (Il rit niaisement aux éclats, s'arrête tout à coup, et sa figure prend une expression de gravité comique.) Sacristi, vétéran, ça fait mal de rire, quand on a marronné depuis la caserne de Courbevoye jusqu'en Alger, sans débrider!...

BRISQUET.

Marronné!... de quoi?...

VACOSSIN.

Dame! de beaucoup de choses et autres... Je m'étais laissé croire que je ferais mes six ans de guerre à me promener au Palais-Royal ou dessus le boulevart, et ça ne me paraissait pas trop lourd... Mais, bonsoir, voilà que je suis *incorquoré* tout de suite dans un régiment pour Alger, et qu'on nous fait mettre en route en nous disant: Allez toujours devant vous, mes enfans!...

BRISQUET.

Bien.

VACOSSIN.

Bien?... Merci! a fallu comme ça traverser la France, qu'est plus grande que toute l'Europe, comme vous savez. En fin finale, nous sommes arrivés dedans Toulon, avec les jambes raccourcies de deux pieds, et une langue à n'en plus finir, vu la chaleur.

BRISQUET.

Eh bien! conscrit, quand vous avez été sur la mer, vous vous êtes rafraîchi?

VACOSSIN.

La mer!... ne m'en parlez pas, de la mer... Je demanderai à prendre un autre chemin, quand j'irai en permission à Gonesse... Sacristi! il n'y a pas moyen de se tenir, sur ces gueux de vaisseaux de guerre... Ça vous ballotte comme une balançoire... et ça vous tourne sur le cœur comme si on avait tout une pharmacie dans l'estomac...

BRISQUET.

La mer est un élément perfide, comme on dit.

VACOSSIN.

La mer est une vraie médecine... et j'en ferais prendre à ma tante Gimbelette, si on pouvait la transporter à Gonesse... Sacristi!

BRISQUET.

Tu recevras ta récompense, conscrit; t'es sur la terre d'Afrique, où les plus belles femmes de l'Asie se battent en duel pour avoir celui de posséder un soldat français!

VACOSSIN.

Ah bah!

BRISQUET.

Tu jouiras d'un soleil où que tu pourras faire cuire la ratatouille sans allumer de feu, toutes fois et quantes tu seras de cuisine.

VACOSSIN.

Tiens! tiens! tiens!.. mais ça doit taper dur sur la cervelle?

BRISQUET.

Ça la brûle quelquefois.

VACOSSIN.

Ah !

BRISQUET.

Tu te battras avec les Bédouins, qui ont des mousquetons de quinze pieds de long.

VACOSSIN.

Ah ça ! mais, avec ces outils-là, ils peuvent nous tuer d'une lieue !... C'est pas de franc jeu, ça !...

BRISQUET.

Ils ne manquent jamais leur homme, et voilà ce qui flatte le soldat français.

VACOSSIN.

De quoi ?... de n'être pas manqué ?... Mais, il me semble que je serais plus flatté si... vous comprenez ?

BRISQUET.

Silence ! conscrit... Faut ça pour devenir caporal.

VACOSSIN.

A propos : je me suis laissé dire que le Jardin-des-Plantes n'était plus rien du tout au prix d'Alger, pour les animaux farouches.

BRISQUET.

Quand tu seras en faction dans le désert, tu verras quelquefois des troupeaux de lions, de léopards, de crocodiles, de serpens boas, de rhinocéros et de baleines.

VACOSSIN.

Ah ! et des baleines aussi ?... Ils sont attachés, n'est-ce pas ?

BRISQUET.

Libres comme l'air.

VACOSSIN, à part.

Sacristi !... sacristi !... Faut avoir la chance pour revenir de ce pays ici.

(On entend sonner la cloche du marché.)

BRISQUET.

V'là le marché qui commence... allons nous promener par là... De la tenue, Vacossin : il faut donner dans l'œil aux Bédouines.

VACOSSIN.

C'est ça, sacristi !

(Mouvement animé sur la place. Habitans d'Alger ; Arabes qui apportent des provisions et les étalent. Marché. On voit un groupe se former au fond de la place et entourer un soldat et un Arabe. Tous deux s'avancent péniblement ; ils sont pâles, défaits, accablés de fatigue.)

SCÈNE III.

BRISQUET, VACOSSIN, LAMBERT, ABDALLAH, SOLDATS, HABITANS D'ALGER, ARABES.

BRISQUET, avec joie.

Le sergent Lambert !

LES SOLDATS.

Le sergent Lambert !

LAMBERT, tombant assis sur un banc.

Moi-même, mes enfans !... Je viens de faire une rude étape !... et je suis bien aise de vous revoir, vu que j'avais pensé que ça ne serait plus que pour l'autre monde... Grand merci au Père éternel et à ce brave Bédouin.

(On s'empresse autour d'eux ; les soldats prennent les mains d'Abdallah et semblent le remercier d'avoir ramené Lambert.)

LE SERGENT DU POSTE, présentant une gourde à Lambert.

Un coup de schnick, camarade.

LAMBERT.

Volontiers, Picard !

(On offre à boire à Abdallah, qui refuse et remercie par un geste.)

LAMBERT, désignant Abdallah.

Mes enfans, vous me ferez plaisir de lui faire bon accueil, à celui-là... J'ai fait la guerre dans plusieurs contrées, je m'en vante ; mais le diable m'emporte si j'ai jamais rencontré un ennemi comme lui !

SCÈNE IV.

LES MÊMES, MAURICE.

MAURICE, après avoir traversé la foule.

Lambert !

LAMBERT.

Mon lieutenant !

(Ils se jettent dans les bras l'un de l'autre.)

MAURICE.

Tu as pu t'échapper, enfin !

LAMBERT, montrant Abdallah qui n'a pas encore été vu de Maurice et qui est resté dans une attitude de désespoir.

Grâce à lui, mon lieutenant.

MAURICE.

Abdallah ! (Courant à lui et l'embrassant.) Abdallah !

(Abdallah, à la vue du lieutenant, laisse échapper un cri de joie ; il lui prend les mains qu'il serre dans les siennes.)

MAURICE.

Mon libérateur ! mon ami !... Abdallah.. Oh ! tu as bien fait de venir parmi nous !... Et ta sœur ? Fatmé ?... tu ne me réponds pas... Lui est-il arrivé malheur ?

LAMBERT.

Non, mon lieutenant.

MAURICE.

Dieu soit loué !... Mais parle-moi donc, Abdallah ?

LAMBERT.

Hélas ! mon lieutenant... Ah ! les brigands !... Impossible qu'il nous parle !...

MAURICE.

Pourquoi ?...

LAMBERT.

Muet !...

MAURICE.

Muet !...

(Abdallah est retombé assis ; il essuie des larmes.)

LAMBERT.

Eh ! oui, nom d'un tonnerre !... Quand vous avez été parti...

MAURICE.

Eh bien ?...

LAMBERT.

Les triples gueusards de Bédouins vinrent à la tente comme des enragés, furieux, quoi !... Ils avaient su que vous n'étiez plus là... Quelques uns entraînèrent Fatmé, pour la conduire au cheick... Quant à ce pauvre malheureux... ils lui demandèrent où était le prisonnier qu'il devait garder. « Il est parti, qu'il répondit.—Seul?... —Seul. » Tu ne mentiras plus, se mirent-ils à crier... Et, là-dessus, ils l'entraînèrent hors de la tente... Je me cramponnais à lui pour le retenir... mais, bah ! j'étais seul, brisé par la fièvre !... Je n'y pouvais rien... je l'entendais crier que ça me fendait le cœur... Et quand il rentra dans la tente, eh bien ! c'était fini... il était sanglant, mutilé, muet !...

MAURICE.

Horreur !... (Mouvement général d'horreur et de pitié.) Et c'est pour m'avoir sauvé, moi !. . malheureux Abdallah ! Ah ! te venger !... te venger !...

LAMBERT.

Et moi donc, lieutenant !..... Savez-vous ce qu'il a fait pour moi, mes amis ?... Il n'a pas voulu quitter sa tribu sans m'avoir tiré d'entre les griffes de ces démons incarnés... Pendant un mois, je ne sais pas tout ce qu'il a imaginé pour en venir à bout, et il y a réussi... Mais c'était pas tout de s'esquiver ; il fallait filer jusqu'à Alger et traverser un rude pays, où nous attendaient d'autres ennemis encore que les Arabes. Un jour, nous marchions péniblement... la chaleur était dévorante... et le désert silencieux comme une église. Tout à coup un cri terrible arrive jusqu'à nous ; c'était le cri du lion. J'étais sans armes... et, tout dur à cuire que vous me connaissez... ma foi... je sentis comme un frisson qui me courait partout... Les Prussiens, les Cosaques, connu... mais les lions !... En trois bonds, l'animal tombe à deux pas de nous... Abdallah se place aussitôt devant moi... et, là, je vis commencer un combat que je n'oublierai de ma vie, et qui, pourtant, dura peu ; car Abdallah renversa bientôt sous lui son effroyable adversaire... Honteux de ma faiblesse, je voulus au moins l'aider à le tuer ; mais d'un geste il m'arrêta... Le lion était demeuré aux pieds d'Abdallah ; le regard de l'homme avait

achevé ce que le bras avait commencé : le lion n'était pas seulement vaincu, il était dompté... De ce moment, il devint presque l'esclave d'Abdallah... et c'est en nous apportant le produit de sa chasse qu'il nous a fait vivre... Cet étrange compagnon de voyage ne nous a quittés qu'à quelques lieues d'ici, et quand son secours ne nous était plus nécessaire.

BRISQUET.

V'là un modèle de lion ; il descend peut-être de quelque caniche.

VACOSSIN.

C'est égal... ce Bédouin est plus fort que la femme sauvage que j'ai vue à la foire de Gonesse !...

MAURICE, à ceux qui l'entourent.

Amis, vous savez maintenant ce qu'Abdallah a fait pour nous... Vous partagez, j'en suis certain, nos sentimens d'admiration et de reconnaissance?.. C'est un camarade, c'est un frère de plus !...

TOUS.

Oui... oui !...

MAURICE.

Que notre amitié le console ; aidez-moi tous à lui prouver que la France sera pour lui une patrie, qu'elle l'adopte pour son enfant !...

TOUS.

Oui !...

(Tous entourent Abdallah, qui reçoit avec attendrissement leurs témoignages d'affection.)

<hr>

SCÈNE V.

LES MÊMES, UN ARABE.

L'ARABE.

Abdallah est ici !... Gloire au Prophète, qui l'a sauvé... Dieu est grand !... Abdallah !... (Abdallah témoigne de la joie à voir l'Arabe ; il indique, par sa pantomime, que c'est un ami.) Français, les malheurs d'Abdallah ne sont pas finis..... Sa sœur, Fatmé...

MAURICE.

Eh bien ?... (Abdallah exprime une vive anxiété.)

L'ARABE.

L'ennemi mortel d'Abdallah, Moady, a dit à la tribu qu'il fallait faire mourir Fatmé, si son frère n'était pas revenu, avant la fin du quinzième jour...

MAURICE.

Grand Dieu !...

L'ARABE.

La tribu le veut ainsi, et le cheick lui-même ne saurait sauver Fatmé de la mort !...

(Désespoir d'Abdallah : il embrasse Maurice et Lambert, et indique qu'il va repartir.)

MAURICE.

Partir !... mais tu mourras !... Et Fatmé, Fatmé !... Lambert, il ne faut pas qu'il parte seul ; ce serait plus qu'un regret pour nous, ce serait un remords...

(Roulement de tambour : le poste prend les armes ; entre le général, suivi de son état-major.)

SCÈNE IV.

LES MÊMES, LE GÉNÉRAL, ÉTAT-MAJOR.

LE GÉNÉRAL.

Lieutenant Maurice ?...

MAURICE.

Général !...

LE GÉNÉRAL.

Le gouverneur, dans un but de pacification générale, veut tenter un rapprochement avec la tribu des Borgia... Vous avez été prisonnier parmi les Arabes, et mieux que personne vous pouvez remplir les vues du gouverneur... Vous avez été choisi pour cette mission... Retournez donc parmi les Arabes, mais cette fois comme envoyé, comme parlementaire, et revêtu d'un titre qui vous fera respecter... Une colonne expéditionnaire va se mettre en marche, pour user de la force, si les voies de conciliation demeuraient inutiles... Voici vos instructions.   (Il lui remet un papier.)

MAURICE.

Général, je reçois cet ordre avec reconnaissance... Ce que cet Arabe, mon libérateur, a fait pour moi m'aurait imposé la loi de l'accompagner et de reprendre mes fers... car c'est pour le sergent Lambert et pour moi qu'il a souffert, et qu'il est peut-être destiné à souffrir encore !...

LE GÉNÉRAL.

Partez donc, lieutenant !...

LAMBERT.

Moi aussi, général, si vous le permettez ?...

LE GÉNÉRAL.

Dites bien à ces chefs de tribus que si la France désire la paix, elle est prête pour la guerre, et qu'elle la fera terrible !...

(Le général a fait à Lambert un signe d'assentiment. — On s'empresse autour de Maurice, de Lambert et d'Abdallah, qui s'éloignent ensemble, à la tête de la colonne d'expédition.)

(L'intérieur d'une tente arabe.)

SCÈNE I.

MOADY, JOSUÉ, ARABES.

(La tapisserie qui ferme la tente du cheick est écartée par Moady, qui entre en scène.)

MOADY, aux Arabes.

Enfans du Prophète, voici l'ordre de notre cheick, Ben-Ismael... Veillez, et soyez prêts à combattre... (A Josué.) Juif maudit !...

JOSUÉ, s'inclinant.

Seigneur Moady !...

MOADY.

Et ta promesse ?... tu devais retrouver Abdallah, le ramener à notre camp, éviter qu'il allât apprendre aux Français quels sont nos projets de guerre, quelles sont les forces de la tribu ?...

JOSUÉ.

Redoutable Moady, j'ai vainement cherché ses traces...

MOADY.

Il fallait aller jusqu'à Alger, et si Abdallah est dans cette ville, l'attirer au dehors, le faire tomber dans un piége, nous le livrer enfin !...

JOSUÉ.

Seigneur, ma présence à Alger pourrait m'être funeste... On sait que le gracieux cheick daigne me permettre de faire mon pauvre commerce dans la tribu, et les Français...

MOADY.

Les Français !... Tu nous trompes comme eux, peut-être...

JOSUÉ.

Ah ! seigneur, je vous jure par Mahomet !...

MOADY.

Silence, juif maudit, ne prononce pas le nom du Prophète !...

JOSUÉ, à part.

Fanatique ! fanatique !...

MOADY, à un Arabe.

Que la sœur d'Abdallah, Fatmé, soit amenée dans cette tente... (A d'autres Arabes.) Suivez-moi, allons visiter nos frères qui veillent à la sûreté du camp...   (Il sort avec des Arabes.)

SCÈNE II.

JOSUÉ, à part, défaisant un ballot.

Je ne comprends pas pourquoi ils tiennent à retrouver cet Abdallah, un misérable Bédouin qui ne possède pas un boudjou, qui n'a rien que de l'amour-propre !... Singulière fantaisie, de vouloir à toute force que je le ramène dans la tribu !...

vilaine race !... Par bonheur, ces mécréans se dé-
barrassent de leur argent avec la même facilité
qu'ils vous donnent un coup de bâton... Quand ils
ne sont pas d'humeur à vous voler, on peut faire
avec eux quelques affaires passables !... C'est égal,
c'est bien véritablement ici la terre des tribula-
tions !... (Haut.) Et bien ! braves enfans de la tribu
Borgia, voulez-vous acheter des burnous... des pistolets richement travaillés... de moelleuses ba-
bouches ?... Voyez, voyez !...

(Les Arabes se lèvent et vont auprès du ballot ; ils
examinent les marchandises, tandis que Josué in-
quiet veille à ce qu'on ne le vole pas.)

UN ARABE.

Sont-ils bons, ces pistolets ?...

JOSUÉ.

Un adroit tireur pourrait, sans crainte, s'en servir pour enlever un bouquet au sein d'une odalisque...

L'ARABE.

Je vais les charger ; prends ma pipe, place-toi
là...

JOSUÉ.

Qu'est-ce que... vous... voulez donc?...

L'ARABE.

Silence juif!... (Il s'éloigne de Josué et charge un
pistolet.) Je suis bon tireur... ne crains rien si tu
n'as pas menti !...

JOSUÉ, à part.

Miséricorde! je lui ai donné ma plus mauvaise
marchandise ! (Haut.) Mais, seigneur...

L'ARABE.

Si tu bouges, tu es mort !...

JOSUÉ, tremblant.

Att...en...dez un... peu... au moins...

L'ARABE.

Allons!...   (Il fait feu.)

JOSUÉ.

Je suis mort !... non... Ah !... ah !... dieu de Jacob !...

L'ARABE.

Combien ces pistolets ?...

JOSUÉ.

Ce que vous... voudrez... c'est-à-dire, trente
boudjous...

L'ARABE.

Voici...

JOSUÉ, à part.

Ils finiront par me dégoûter du commerce !...
C'est égal, je gagne la moitié !...

UN ARABE, écartant la tapisserie.

Le cheick !... (A Josué.) Arrière juif !...

(Josué prend ses marchandises avec précipitation et se
retire dans un coin.)

SCÈNE III.

LES MÊMES, LE CHEICK, FATMÉ, ARABES.

(Des esclaves noirs apportent des coussins et une
longue pipe : les Arabes s'inclinent profondément,
jusqu'à ce que le cheick se soit assis.)

LE CHEICK.

Laissez entrer les enfans de la tribu, et qu'on
amène Fatmé !...

(La tente se remplit d'Arabes hommes et femmes ;
Fatmé est introduite, se soutenant à peine.)

LE CHEICK.

Fatmé, hier a fini le quinzième jour depuis
celui où tu fus condamnée pour avoir aidé ton
frère à sauver l'officier français... Si ton frère
avait reparu, tu redevenais libre... Où est Abdallah ?...

FATMÉ.

Je l'ignore, seigneur...

LE CHEICK.

Fatmé, la tribu t'a condamnée ; mais si des voix
s'élèvent dans la tribu pour prolonger le délai ex-
piré, tu vivras encore... (Silence parmi les Arabes.)
Tu le vois, la sentence est confirmée...

FATMÉ.

Pitié, seigneur... j'ai dit la vérité, j'ignore où
est mon frère... Et d'ailleurs, je bénis le ciel de
ce qu'Abdallah ne sait pas le péril que je cours ;
il serait venu et vous l'auriez tué !... (Allant aux
Arabes.) Eh quoi ! pas une voix ne se fera entendre pour me protéger!... N'est-ce pas assez du
supplice que mon frère a subi ? faut-il que je meure, moi qui seule pourrais adoucir son exil, si le
Prophète nous réunissait ?... Si je demande à vivre, c'est pour mon frère si malheureux !...(Mouvement en faveur de Fatmé, qui continue.) Je fuirai
la tribu, vous ne me reverrez plus, puisque vous
m'accusez d'avoir sauvé un de vos ennemis... je
m'éloignerai, maudite par vous, s'il le faut ; mais
je reverrai peut-être encore mon frère, qui sans
doute est retourné dans la tribu paternelle !...

(Murmures favorables parmi les Arabes.)

SCÈNE IV.

LES MÊMES, MOADY.

MOADY, entrant vivement.

Seigneur, point de pitié pour Fatmé !... (Aux
Arabes.) Savez-vous où est Abdallah ?... parmi
les Français, qu'il guide contre nous !...

(Murmures.)

LE CHEICK.

L'infâme !...

MOADY.

Un de nos frères l'a vu sortir d'Alger avec nos

ennemis !... Depuis deux jours ils sont campés aux environs de la tribu, attendant sans doute un moment favorable pour nous attaquer... Oui, Abdallah leur aura promis une victoire certaine !...

LE CHEICK.

Eh bien, s'il arrive jusqu'ici, que ce soit pour y trouver un premier et terrible châtiment !... (Désignant Fatmé.) Qu'elle meure !...

FATMÉ, qu'on se dispose à entraîner.

Grâce !... pitié !...

(Roulement de tambours; bruits confus au dehors; mouvement tumultueux ; agitation sur la scène.)

UN ARABE, accourant.

Les Français !...

LE CHEICK.

Aux armes !...

TOUS.

Aux armes !...

(Une compagnie de voltigeurs a pénétré dans la tente ; elle fait un premier feu sur les Arabes, qui ripostent. — Combats. — Josué cherche à n'être pas entraîné par la foule et se cache. — La scène se vide et Josué reste seul.)

SCÈNE V.

JOSUÉ, seul.

Dieu de Jacob, que devenir?... je vais être exterminé, j'y perdrai toute une pacotille !... Peut-on se battre avec un pareil acharnement?... Fou que je suis ! je voulais apporter une boîte de pharmacie ! j'aurais tout débité!... Miséricorde ! ils sont là !... ils viennent !... mais, ils peuvent me tuer !... Où fuir?,... où me cacher?... Ah !...

(Il soulève des peaux et s'y blottit avec son ballot.)

SCÈNE VI.

JOSUÉ, caché, BRISQUET, VACOSSIN, SOLDATS.

BRISQUET.

Enfoncé le Bédouin !... à nous, la boutique !... Ohé ! Vacossin !...

VACOSSIN.

Présent, mon vétéran !... Sacristi ! ça chauffait tout de même !... Excusez, que je m'assise un brin !... Ça vous fait un cocasse d'effet la première fois... (Il se laisse tomber assis sur les peaux dont est couvert Josué.) Est-ce que je ne suis pas blessé, que vous croyez?...

BRISQUET, lui donnant un coup de poing dans le dos.

Où as-tu senti le coup ?...

VACOSSIN.

Dans le dos...

BRISQUET.

C'est une preuve que tu n'es pas blessé autre part... Allons, guerrier !... tu vas jouir de la victoire !... C'est ici où que le sultan a ses billets de banque et ses odalisques...Tout ça est à nous, fortuné vainqueur !...

VACOSSIN.

Ah ! sacristi ! j'en prendrai un peu des billets de banque et des odalisses !... eh ! eh ! eh !... Ah ça ! mais, faut voir où tout ça s'est fourré...

BRISQUET.

Pour lors, bousculade générale !...

(Ils cherchent de divers côtés.)

VACOSSIN, remuant les peaux.

Ah ! sacristi! on a remué là-dessous !... j'en tiens une, d'odalisse !...

BRISQUET.

Part à deux, Vacossin !...

VACOSSIN.

C'est-y bien gentil, une odalisse, hein ?...

BRISQUET.

Comme trente-six mille amours !...

VACOSSIN.

Sacristi !... (Il écarte les peaux, Josué paraît.) Ah ! qu'est-ce que c'est?... c'est le diable !...

JOSUÉ.

Français !... Français !...

(Roulement de tambours.)

LE SERGENT, entrant.

A vos rangs !...

SCÈNE VII.

LES MÊMES, LE GÉNÉRAL, ÉTAT-MAJOR.

LE GÉNÉRAL.

La tribu s'est dispersée... (Désignant Josué.) Quel est cet homme ?...

BRISQUET.

Mon général, nous l'avons trouvé là, sous ces peaux...

LE GÉNÉRAL, à Josué.

Qui es-tu ?...

JOSUÉ.

Je suis Juif...

LE GÉNÉRAL.

Que fais-tu ici ?...

JOSUÉ.

Du commerce...

LE GÉNÉRAL.

Tu as dû voir deux Français ?...

JOSUÉ.

Il y a un mois que je suis dans la tribu, aucun Français n'y est venu...

LE GÉNÉRAL, à l'état-major.

Allons, messieurs, toujours la même incertitude... ils se seront égarés sans doute... Si j'ai

commandé l'attaque, c'est que, ne les voyant pas
revenir, j'ai voulu les délivrer ou les venger...
Qu'on envoie des détachemens à leur recherche...
et nous, ne laissons pas à l'ennemi le temps de se
reconnaître !... En avant !...

BRISQUET, à Vacossin.

Conscrit, prends-tu ton odalisque ?...

VACOSSIN.

Merci, vétéran !...

(On entraîne Josué. Les troupes sortent, précédées du
général. — Le théâtre change.)

TROISIÈME TABLEAU.

Un site aride au pied d'une montagne.

SCÈNE I.

MAURICE, LAMBERT, ABDALLAH.

LAMBERT.

C'est fini, mon lieutenant, j'ai idée que nous
sommes égarés indéfiniment... plus de chances
d'en sortir !...

MAURICE.

Allons, Lambert, est-ce que tu serais décou-
ragé, toi ?...

LAMBERT.

Pourquoi donc ça ?... Que je laisse ma peau ici
ou ailleurs, ça revient toujours au même... C'est
égal, j'aimerais mieux une balle dans la poi-
trine... C'est dur de crever de faim, de soif et de
fatigue...

MAURICE.

Et cette maudite tribu des Borgia qui s'avise
de lever le camp et de disparaître au moment
où nous allions l'atteindre... La colonne expéditionnaire ne devait nous attendre que deux
jours !...

LAMBERT.

V'là le Bédouin qui descend de dessus le rocher... Allons ! il n'a rien découvert !...

MAURICE.

Brave Abdallah ! que de chagrins il éprouve !...
Et Fatmé... ils l'auront tuée, peut-être.

(Abdallah s'approche de Maurice et Lambert ; il indique par sa pantomime que la soif le dévore.)

LAMBERT.

Il n'en peut plus de soif, c'est sûr...

MAURICE.

Et il n'a pas voulu toucher au peu d'eau qui
nous restait !... Pour nous frayer un chemin, pour
nous faire sortir de ces brûlantes solitudes, il a
erré de tous côtés avec un admirable dévoûment.

LAMBERT.

Sacré nom ! lieutenant, je me regarderais

comme bien peu, si je n'essayais pas de lui trouver un peu d'eau...

MAURICE.

Oui, Lambert ; il s'est oublié pour nous, à notre
tour de lui venir en aide, dussions-nous mourir en
nous traînant à la recherche d'une source !...

(Abdallah se lève comme par un effort convulsif, et
prend le bidon de Lambert, en indiquant qu'il va
chercher de l'eau.)

LAMBERT.

Minute ! tu as fait plus que ta part !... et il y
aurait de l'affront... Allons, lieutenant !...

MAURICE.

Abdallah, tu vas nous attendre, là, sous ces
buissons...

(Abdallah indique qu'il veut aller avec eux.)

MAURICE.

Non !... tu ne le pourrais pas ! nous ne le vou-
lons pas !... Obéis, si tu nous aimes !...

(A ce moment, Lambert, qui allait sortir, s'arrête tout
à coup.)

MAURICE.

Qui t'arrête ?

LAMBERT.

Pardon, lieutenant, mais j'ai cru entendre là-
bas comme le rugissement du tigre.

MAURICE.

Eh bien ! n'avons-nous pas nos armes ?... Viens.

(Maurice et Lambert s'éloignent péniblement à travers
la montagne. Abdallah, épuisé de fatigue, dévoré
par la soif, essaie de gravir la colline, mais ses
efforts sont impuissans, et il tombe accablé. Tout
à coup on entend les rugissemens d'un tigre qui
se montre à l'entrée d'une caverne placée au dessus
d'Abdallah. Le tigre jette autour de lui des regards
furieux qui semblent chercher une proie. Abdallah
s'est réveillé de son assoupissement ; il examine ce
terrible animal qui ne tarde pas à l'apercevoir. A
la vue d'un homme, le tigre redouble de férocité ; il
s'élance du haut du rocher qui couronne la caverne,
et se jette sur Abdallah. Celui-ci cherche à recueil-
lir ses forces pour ce redoutable combat. La lutte
s'engage ; Abdallah est traîné par le tigre qui s'a-
charne sur sa proie avec une fureur toujours croissante ; mais Abdallah a retrouvé toute sa vigueur et
toute son adresse. Il résiste à son ennemi, il éga-
lise la lutte, il prend l'avantage, et le tigre finit par
être vaincu. Terrassé par Abdallah, il reste immo-
bile sous son genou qui le presse. Des Arabes paraissent et garnissent la colline ; à la vue d'Abdallah,
ils témoignent leur joie de le retrouver pour le punir d'avoir quitté la tribu. Abdallah se fait alors une
arme, un défenseur du tigre qu'il a dompté ; il le
montre aux Arabes. A cet aspect, les Arabes recu-
lent avec terreur. Dans le tableau final, Abdallah
gravit la colline et menace encore du tigre les Arabes
qui tentent de le suivre et qui à cette vue s'arrê-
tent.)

ACTE DEUXIÈME.

PREMIER TABLEAU.

La tente du cheick, ouvrant à droite et à gauche. —Au lever du rideau, le cheick est assis sur des coussins et entouré des chefs de sa tribu. — Fatmé est debout devant lui.

SCÈNE I.

LE CHEICK, FATMÉ, ARABES hommes
et femmes.

LE CHEICK.

Enfans du Prophète, le chrétien nous a surpris et forcés à reporter nos tentes plus près de la ville de Tekedempt, où nous trouverons un asile sûr et imprenable... Bientôt nous irons tirer vengeance de l'affront fait à nos armes... Moady, avec plusieurs de nos frères, s'est chargé de porter la terreur dans les rangs ennemis, en faisant tomber la tête de leurs soldats égarés dans nos sables... Fiez-vous à lui pour commencer notre vengeance!... Fatmé, tu ne mourras pas seule; nous attendrons ton frère, dont le retour ne te sauvera pas désormais... Ramené parmi nous, il expiera deux fois sa trahison, car ton supplice précédera le sien!...

(Le cheick se lève. Les Arabes se rangent devant lui en s'inclinant profondément; il entre dans sa tente.)

SCÈNE II.

FATMÉ, ARABES.

FATMÉ.

C'est pour que ma mort soit plus horrible, qu'ils en ont retardé l'instant!... Abdallah!... pauvre frère!... Oh! si le Prophète t'avait conduit vers les Français, Maurice est généreux et reconnaissant; il veillerait sur toi, et je serais la seule à souffrir!...

(On entend un bruit et des cris éloignés qui grossissent en se rapprochant. Des Arabes accourent et garnissent le théâtre. Le cheick sort de sa tente et s'arrête à l'entrée.)

LE CHEICK.

Qu'y a-t-il?...

SCÈNE III.

LE CHEICK, FATMÉ, MOADY, MAURICE,
LAMBERT, ARABES.

(Moady arrive à cheval, entouré d'Arabes qui portent, suspendus à leur selle, des uniformes français; Maurice et Lambert sont prisonniers au milieu d'eux.)

MOADY.

Cheick, j'ai tenu ma promesse, j'ai fait planter sur la barrière du camp des têtes de Français, et voici des prisonniers!...

LE CHEICK.

Gloire à toi, Moady!...

LES ARABES.

Gloire à Moady!...

MOADY, désignant Maurice et Lambert.

Tu dois reconnaître ces deux chrétiens... J'ai voulu qu'ils fussent conduits devant toi, cheick; un mot, un geste, et leur tête va tomber!...

MAURICE, avec énergie.

Ce mot qui nous tuerait, vous n'oserez pas le prononcer.

LE CHEICK.

Que dis-tu?

MAURICE.

Notre mort serait le signal de l'extermination de la tribu, car nous sommes les envoyés de la France!...

MOADY.

Tu mens!...

MAURICE.

Tu n'as pas voulu m'entendre, Moady... (Au cheick.) Regarde, voici mes pouvoirs...

MOADY.

Cheick, nous ne devons pas reconnaître la qualité qu'ils se donnent!... Songeons à nos frères dont les cadavres sans sépulture gisent dans le désert!... C'est une guerre à mort que nous avons jurée... que le Prophète maudisse les parjures!...

LES ARABES.

Oui! oui!

LAMBERT.

En voilà un d'enragé!

LE CHEICK.

Français, Moady a proclamé la volonté de la tribu, la mienne!... Vous périrez!...

MAURICE.

Soit donc!... nous ne descendrons pas à la prière... Mais, écoutez-moi!... creusez-nous une tombe, la vengeance en sortira terrible!...Toute l'armée française marchera pour vous punir!... Et vous savez si elle est puissante!... Résisterez-vous quand Alger l'imprenable n'a pu se défendre, lorsque Constantine a été foudroyée, elle qui se croyait abritée par une distance de cent lieues?...

MOADY.

Une durée éternelle est promise à l'empire des vrais croyans!...

MAURICE.

Regarde autour de toi, Moady; à chaque pas qu'ils font sur la terre d'Afrique, les enfans de la France prennent une ville ou gagnent des batailles !... Il y a long-temps, vos pères apprirent, aux Pyramides, qu'on se brisait à lutter avec eux !... et maintenant choisissez : ou le respect qui nous est dû et la paix... ou notre mort et la guerre !...

MOADY.

Cheick, à toi de prononcer !...

LE CHEICK.

Enfans des Borgia, j'appelle vos chefs au conseil. (Il entre dans sa tente, suivi des chefs arabes.)

SCÈNE IV.

MAURICE, LAMBERT, FATMÉ, ARABES.

LAMBERT.

C'est ça, lieutenant, je vous approuve de leur avoir débité ce petit bulletin !...

MAURICE, apercevant Fatmé.

Fatmé !... Fatmé !...

FATMÉ.

Maurice !... qu'est devenu mon frère ?

MAURICE.

C'est avec lui que nous devions revenir ici; nous avons été séparés, et grâce au ciel nous sommes tombés seuls au pouvoir des Arabes.

FATMÉ.

Mais, vous, vous périrez peut-être !...

MAURICE.

Fatmé, nous t'arracherons au danger ! où notre mort précédera la tienne !...

(Josué paraît au fond du théâtre, bousculé par des Arabes.)

LAMBERT.

Qu'est-ce que c'est donc que ce pèlerin qu'on bouscule là-bas ?...

SCÈNE V.

LES MÊMES, JOSUÉ.

JOSUÉ.

Je vous dis, mes chers amis, qu'il faut que je parle au grand cheick... (A un Arabe qui lève un bâton sur lui.) Prenez garde à mes marchandises !... Dites au redoutable cheick que je viens de la part d'Abdallah... pour affaire pressante !... Il m'admettra en son auguste présence !...

FATMÉ.

Tu as vu mon frère ?...

JOSUÉ.

Je l'ai vu !...

UN ARABE.

Silence, juif maudit !...

(Il entre dans la tente du cheick.)

JOSUÉ, à part.

Tiens !... les deux Français !... Je pourrais bien leur rendre service... sans me compromettre... Les Français seront peut-être un jour maîtres de tout le pays, et il est bon d'avoir des amis partout... Eh ! eh ! eh !... (A voix basse.) Français, ne détournez pas la tête... ne me regardez pas !...

MAURICE.

Que veux-tu de nous ?

JOSUÉ.

Que donneriez-vous en échange d'une nouvelle qui peut vous servir ?

LAMBERT.

Notre amitié, notre estime...

JOSUÉ.

Vous donneriez bien encore quelque petite chose avec ?...

MAURICE.

Je donnerais de l'or...

JOSUÉ.

Quand ?...

MAURICE.

Lorsque je serai de retour parmi mes camarades...

JOSUÉ.

Tu peux rester en chemin... enfin, je cours la chance. Tes frères d'armes sont à quelques milles d'ici, derrière la colline de Sidi-Bayreuth...

MAURICE.

Ils vont venir ?...

JOSUÉ.

Non... car ils ne savent pas que les Arabes sont si près d'eux...

MAURICE.

Tu les avertiras ?...

JOSUÉ.

Impossible, car les Arabes vont m'escorter pour sortir du camp...

MAURICE.

Que faire alors ?...

JOSUÉ.

Cherchez un moyen de les prévenir, mes enfans !... Et souvenez-vous plus tard du pauvre Josué !...

UN ARABE, sur le seuil de la tente.

Juif !...

JOSUÉ.

Me voilà... me voilà !...

(Il entre dans la tente.)

FATMÉ.

Cet homme est sans doute venu pour trahir mon frère, pour le livrer...

MAURICE.

Non, Fatmé, c'est Abdallah qui l'envoie, a-t-il dit !...

LAMBERT.

Et dire que les camarades sont près d'ici... et qu'il n'y a pas moyen !... Si on pouvait faire quelque tapage, quelque tremblement pour les avertir...

MOADY, sur le seuil de la tente.

Va donc, juif, et tremble de nous tromper !...

(Il fait signe à deux Arabes qui se placent aux côtés de Josué et sortent avec lui.)

JOSUÉ.

Attendez ! attendez ! Je ne veux pas laisser ici mon ballot... ça ne me quitte jamais.

(Tumulte dans la tente du cheick ; cris confus.)

SCÈNE VI.

LES MÊMES, LE CHEICK, MOADY, CHEFS ARABES, qui sortent en tumulte.

MOADY.

Non, nous n'écouterons pas les paroles de pitié !... Guerre à mort aux Français !...

PLUSIEURS ARABES.

Oui ! oui !

MOADY.

Si on suivait ces timides conseils, nous quitterions la tribu pour aller rejoindre Achmet. Achmet le bey de Constantine que sa défaite n'a pas dompté, et qui poursuit sa guerre d'extermination !...

LES ARABES.

Oui ! oui !...

MOADY.

Cheik, regarde... voici les tributaires qui viennent te rendre hommage !... Est-ce en leur présence qu'on oserait encore te conseiller la clémence et la peur ?... Demande-leur s'ils veulent sauver les prisonniers... ils te répondront par des cris de guerre !...

LAMBERT, bas à Maurice.

Ça va mal, mon lieutenant !...

MOADY, à part.

Je saurai bien rendre la paix impossible !...

(Les tributaires défilent ; en passant devant Maurice et Lambert, ils menacent du geste et font entendre des imprécations. Ils déposent des présens aux pieds du cheick.)

LAMBERT, pendant ce jeu de scène.

Mon lieutenant, j'ai une idée... mourir pour mourir, faut essayer...

MAURICE.

Quoi donc ?...

LAMBERT.

Nos camarades vont nous entendre... ils viendront à notre aide, et s'ils arrivent trop tard, ils nous vengeront du moins.

MAURICE.

Que veux-tu faire ?...

LAMBERT.

Mon lieutenant, tâchez de vous mettre à l'abri dans la bagarre, et maintenant, à la garde de Dieu !...

(Il se glisse près d'un canon, s'empare de la mèche et met le feu. Au bruit du canon, il se fait un violent tumulte, une agitation générale dans le camp. Un coup de canon répond au loin à celui qu'on a tiré. Bruit éloigné de tambours. Les Arabes s'agitent, courent à leurs armes et à leurs chevaux. Fatmé se trouve au milieu des femmes de la tribu. Lambert tombe atteint d'un coup de feu. Maurice se jette entre lui et les Arabes qui veulent l'achever. Les Français entrent dans la tente, bousculent les Arabes et enlèvent Lambert en criant victoire. Le lieutenant a pris une épée et s'est remis à la tête d'une compagnie.)

(Le théâtre change au moment où les Français se mettent à la poursuite des Arabes.)

DEUXIÈME TABLEAU.

La lisière d'un bois.

SCÈNE I.

UN SERGENT, BRISQUET, VACOSSIN.

(Un sergent, à la tête d'un peloton, vient placer deux sentinelles ; c'est Brisquet et Vacossin.)

VACOSSIN.

Je vous demande pardon, sergent, si je vous fais une observation... mais il me semble que vous nous placez bien loin du régiment.

LE SERGENT.

Tu es en sentinelle perdue ?...

VACOSSIN.

Comment, perdue ?...

LE SERGENT.

En sentinelle avancée.

VACOSSIN.

Oui, je suis joliment avancé... merci, de la préférence, sergent...

LE SERGENT.

Laisse donc, conscrit, ça forme le soldat... (A son peloton.) Par file à gauche, pas accéléré, marche !

VACOSSIN.

Ça forme le soldat !... je trouve moi que c'est plutôt propre à le déformer... J'aimerais mieux monter la faction dans la garde nationale de Gonesse. Est-ce que vous êtes content, là, vous, vétéran ?

BRISQUET.

Dire que je n'aimerais pas mieux être à la barrière du Maine à pincer mon rigodon à raison de deux sous le cachet, serait une figure de rhétorique que je ne veux pas employer... Mais enfin, Vacossin, nous devons ce poste à la confiance de nos chefs...

VACOSSIN.

Je ne sais pas pourquoi ils ont de la confiance en moi... c'est injuste, ça... Qu'est-ce que je leur ai fait ?...

BRISQUET.

Comment ! mais tu as très bien soutenu le feu...

VACOSSIN.

J'ai bien soutenu autre chose... j'ai soutenu trois grands coups de pied dans le dos, que m'a donnés un gueusard d'Arabe...

BRISQUET.

Comment, conscrit, tu ne lui pas passé la baïonnette au travers du ventre ?

VACOSSIN.

Non, je lui ai passé la jambe... çà m'a mis un peu en train, c'est vrai... aussi j'ai moins peur du Bédouin maintenant que de l'animal féroce qui marche par troupeaux, comme vous me l'avez dit, vétéran.

BRISQUET.

N'aie pas peur... Le lion, vois-tu, celui qu'ils ont fait passer roi entre eux, parce qu'il a une bonne tête et de fameuses griffes, le lion lui-même ne peut pas soutenir le regard de l'homme.

VACOSSIN.

C'est donc ça qu'ils ont mangé un caporal du cinquième.

BRISQUET.

Justement!... N'entends-tu pas dire tous les jours : quatre hommes et un caporal?... Tu vois donc bien qu'un caporal n'est pas un homme... alors.

VACOSSIN.

C'est juste !... pourtant, quoique je sois un homme, je ne serais pas charmé de me trouver nez à nez avec ces messieurs-là... (A ce moment, un lion traverse lentement la forêt.) Ah ! mon Dieu ! regardez donc, vétéran, ce qui vient là !...

BRISQUET.

Où ça ?...

VACOSSIN, tremblant de tous ses membres.

Là... là... dans la forêt... Vrai, c'est un lion comme j'en ai vu au Jardin-des-Plantes... Vétéran, il faut filer...

BRISQUET.

Filer !... pour nous faire fusiller !... Formons plutôt le bataillon carré...

VACOSSIN.

A nous deux ?...

BRISQUET.

Rien n'est impossible au soldat français... Mais,

diable... le voilà qui nous regarde... Arme ton fusil, conscrit...

VACOSSIN.

Une idée, vétéran... Vous dites qu'il est roi... je vais lui présenter les armes... ça le flattera peut-être. (Vacossin, tout en tremblant, présente les armes. Le lion le regarde un instant et disparaît dans la forêt.) Il s'en va... il paraît satisfait de cette marque de respect... Ce que c'est que la vanité !

BRISQUET.

Tu vois bien, conscrit, qu'il ne faut jamais avoir peur.

VACOSSIN.

Vous voyez bien que si... Si je n'avais pas eu peur, je n'aurais pas pensé à rendre les honneurs militaires à ce roi quadrupède, et nous serions peut-être maintenant dans son auguste estomac...

BRISQUET.

Sentinelle, garde à vous !

VACOSSIN.

Pardine ! j'y prends assez garde, à moi !...

BRISQUET.

Sentinelle, garde à vous !

VACOSSIN.

Aurez-vous bientôt fini de me faire des souleurs comme ça ?

BRISQUET.

Un Bédouin !...

VACOSSIN.

Un Bédouin ! c'est autre chose... (Il arme son fusil.) Tiens ! c'est le Bédouin muet.

<hr>

SCÈNE II.

LES MÊMES, ABDALLAH.

(Abdallah semble attendre quelqu'un et désirer être seul.)

BRISQUET.

Salut, fils de Mahomet !...

VACOSSIN.

Bien le bonjour, Bédouin !... Sacristi, vétéran, je serais flatté de m'en aller... V'là plusieurs fois que le Bédouin s'est battu en duel avec les animaux farouches !... Il a peut-être bien un rendez-vous avec eux... (Criant d'une voix perçante.) Qui vive?...

BRISQUET.

Qu'est-ce que c'est donc ?...

VOCASSIN.

Ah ! bon, on vient nous retirer de la sentinelle perdue...

LE SERGENT, qui est entré avec quelques soldats, à Brisquet et à Vacossin.

Suivez-nous !...

VACOSSIN.

C'est pas de refus, sergent !... ça nous va !...

LE SERGENT.

On ne parle pas sous les armes !...

VACOSSIN.

Bon !...

SCÈNE III.

ABDALLAH, puis JOSUÉ.

(Abdallah regarde de tous côtés avec inquiétude et semble impatient de voir arriver quelqu'un. Josué paraît ; Abdallah court à lui et l'interroge vivement par sa pantomime.)

JOSUÉ.

Un moment !... un moment !... Es-tu seul par ici !... Il n'y a aucun danger pour moi ?... (Réponse d'Abdallah par signes. Josué s'assied sur son ballot.) Tu sais ce que tu m'as promis lorsque je t'ai rencontré dernièrement ?... Tu le jures encore ?... Bien !.. Je suis allé de ta part trouver le cheick... Mon pauvre Abdallah, il en coûte quelquefois à un homme généreux pour rendre service !...

(Impatience d'Abdallah qui indique qu'il attend une nouvelle avec anxiété.)

JOSUÉ.

Le cheick...

(Impatience croissante d'Abdallah.)

JOSUÉ.

Qu'est-ce qu'il a donc ?... Ah ! j'y suis !... Fatmé...

(Abdallah témoigne que c'est de Fatmé qu'il voulait entendre parler.)

JOSUÉ.

Ta sœur existe !... (Joie d'Abdallah.) J'ai dit au cheick que, puisqu'elle vivait encore, si on voulait te promettre de respecter ses jours, tu rentrerais dans la tribu... On m'a répondu qu'on y con-

sentait, qu'on t'attendait, mais que tu n'aurais pas le courage...

(Mouvement d'Abdallah qui indique avec énergie que cette injure l'affecte péniblement. Il fait entendre à Josué qu'il ira dans la tribu, mais qu'il n'ira pas seul.)

JOSUÉ.

Qu'est-ce qu'il veut dire?... Qu'il n'ira pas seul ?... Avec les Français ?

(Abdallah fait un signe négatif ; il prend Josué par la main, le conduit près de la grotte et lui montre le lion qui a paru.)

JOSUÉ.

Dieu de Jacob!... Dieu de Jacob!...

(Abdallah lui fait signe de garder le secret.)

JOSUÉ.

Tout ce que tu voudras, tout ce que tu voudras!... mais laisse-moi partir!... Miséricorde!... Mon ballot!... où est mon ballot?... Je n'aurai plus la force de le porter!... Par où vais-je m'en aller?... Par là ? Non!... Par ici?... Non pas!... De ce côté!... Ah! maudit pays!...

(La vue d'un tigre, qui s'approche, redouble la terreur de Josué qui fuit en tremblant. Abdallah va au lion qu'il a soumis, au tigre qu'il a vaincu. A son approche, les animaux semblent reconnaître sa domination. Ils donnent tous les signes de l'obéissance et se couchent humblement devant lui. Des léopards, des panthères s'avancent et se groupent autour d'Abdallah, imitant le tigre et le lion. On voit la puissance de l'Arabe sur ces animaux. Il se couche sur le lion, le tigre lui sert de coussin pour reposer sa tête. Les léopards, les panthères se roulent et jouent à ses pieds. A la fin de ce tableau, des Arabes paraissent dans la forêt ; ils cherchent Abdallah ; celui-ci se montre entouré de ses redoutables esclaves qui sont tout prêts à le défendre. Leurs regards, leurs rugissemens, leur terrible aspect jettent l'épouvante parmi les Arabes qui prennent la fuite et disparaissent.)

ACTE TROISIÈME.

Les remparts de la ville de Tékédempt.—Au fond, deux révolutions d'une voie romaine conduisant à un temple.

SCÈNE I.

LE CHEICK, MOADY, ARABES, sur les remparts.

MOADY, entrant.

Cheick, toute la tribu est entrée dans la ville sainte de Tékédempt!... les portes en sont fermées, et si les Français y pénètrent, ce sera pour y trouver leur tombeau !...

LE CHEICK.

Enfans des Borgia, nos ennemis nous ont repoussés ; nos deux prisonniers et Fatmé, la sœur d'Abdallah, ont été délivrés... Je jure que, désormais, je n'hésiterai plus à frapper ceux que le sort de la guerre pourrait jeter entre mes mains!...

MOADY.

Cheick, Abdallah est le mauvais génie de la tribu ; depuis qu'il l'a quittée, sa trahison n'a cessé d'armer la fatalité contre nous !... je jure moi, de le punir, et de ne céder à personne le droit de le frapper de mort!... C'est un serment que j'ai fait en invoquant le nom sacré du Prophète!...

SCÈNE II.

LES MÊMES, JOSUÉ.

PLUSIEURS ARABES.

Le juif!... le juif!...

JOSUÉ.

Faites-moi donc place!... laissez-moi passer!... il faut que je parle au gracieux cheick...

(Un Arabe lui prend son ballot et le jette à quelques pas.)

JOSUÉ.

Hé! mon ballot!...

(Les Arabes le poussent vers le cheick, en retenant son ballot.)

LE CHEICK.

Eh bien! que veux-tu?...

JOSUÉ.

Redoutable cheick... (A part.) Où ont-ils mis mon pauvre ballot?...

LE CHEICK.

Parleras-tu, juif maudit?...

JOSUÉ.

Oui, gracieux cheick, oui... J'ai trouvé Abdallah... (Regardant du côté du ballot.) Il est perdu pour moi, Dieu de Jacob!...

MOADY.

Misérable!...

JOSUÉ.

Oui, seigneur!... Abdallah a promis... de me le rendre!... de venir parmi vous... espérant que sa sœur sera sauvée...

LE CHEICK.

Sa sœur est avec les Français...

JOSUÉ.

Ah!...

MOADY.

Et lui, Abdallah, où est-il?...

JOSUÉ.

Il s'avance vers les portes de la ville...

MOADY.

Il n'y entrera pas, car un traître parmi les enfans du Prophète, c'est le génie infernal qui attire les désastres!...

JOSUÉ, à part.

De plus en plus fanatique!...

MOADY.

Juif, guide-moi au devant d'Abdallah...

JOSUÉ.

Eh quoi! vous voulez...

MOADY.

Viens!... (Il lui saisit vivement le bras.) Viens donc!...

JOSUÉ.

Mais, redoutable Moady, je vous conseille... en ami...

MOADY.

Viendras-tu?...

JOSUÉ.

Si vous saviez comment il est accompagné...

MOADY, tirant son yatagan.

Marcheras-tu, maintenant?...

JOSUÉ.

Je cours... je vole!... Mais, prenez bien garde, redoutable Moady... (Aux Arabes.) Je mets ma marchandise sous la protection du Prophète!...

SCÈNE III.

LES MÊMES, moins MOADY et JOSUÉ.

(On entend au loin un cri qui se répète et qui se rapproche.)

LE CHEICK.

Le cri de guerre!...

DES ARABES, du haut des remparts.

Les Français!...

LE CHEICK.

Les Français!... Enfans des Borgia, ils vont se briser contre les remparts de la ville sainte!...

(Coups de feu du haut des remparts et du dehors. — Attaque des Français; combat sur les remparts, combat dans la ville et sur la place. — Maurice et Lambert ont arboré un drapeau sur les créneaux pendant le combat.)

BRISQUET.

Allons, Vacossin, tape d'aplomb!...

VACOSSIN.

Sacristi! vétéran, j'en ai des ampoules dedans les mains!... Me voilà passé guerrier!...

SCÈNE IV.

LE GÉNÉRAL, MAURICE, LAMBERT, BRISQUET, VACOSSIN, LE CHEICK, ARABES, FATMÉ.

LE GÉNÉRAL.

La ville est prise!... (Élevant son épée. Roulement prolongé de tambours.) Lieutenant Maurice, sergent Lambert, c'est vous qui les premiers avez arboré le drapeau français sur les remparts... quelle récompense...

MAURICE.

Général, ordonnez que le généreux Arabe qui nous a sauvés soit amené parmi nous!...

LAMBERT.

Voilà ma récompense, à moi aussi!...

LE GÉNÉRAL.

Cheick, je t'avais fait proposer la paix; tu ne l'as pas voulue... tu as éprouvé la puissance des armes françaises; la paix encore pour ta tribu!... mais il nous faut Abdallah... le sauveur de Maurice et de Lambert... sans lui, point de pitié pour les vaincus!...

LE CHEICK.

Abdallah!... (A part.) Moady l'aura tué!...

FATMÉ.

Malheur!... Le cheick a pâli... c'est que mon frère a été leur victime... Mon frère!...

MAURICE et LAMBERT.

Abdallah!...

LES FRANÇAIS.

Abdallah!...

LE GÉNÉRAL.

Tué, sans doute!... Soldats, je vous livre la ville!...

SCÈNE V.

LES MÊMES, JOSUÉ.

JOSUÉ, accourant tout pâle et tremblant.

Français, cheick, Arabes!... Ah!... Dieu de Jacob!...

TOUS.

Qu'y a-t-il?...

JOSUÉ.

Abdallah...

TOUS.

Eh bien?...

JOSUÉ.

Vous allez le voir!... (Murmures de satisfaction.) Il va venir... il vient!... Moady m'avait forcé à le guider au devant de lui... En l'apercevant, il se précipite furieux!... Dieu de Jacob!... Abdallah lance contre son ennemi un terrible lion dont il est accompagné... et... et... Moady est dévoré... je suis accouru... et Abdallah a repris son chemin vers la ville...

LE GÉNÉRAL.

Cheick, et vous Arabes, cet homme que vous avez cruellement mutilé, préparez-vous à le recevoir comme un libérateur, car il sauve Tékédempt de la destruction!...

LE CHEICK.

Seigneur, la ville sainte est en ton pouvoir; la tribu des Borgia sera soumise à la France si puissante!... Enfans du Prophète, Dieu est grand, et Abdallah nous a sauvés!...

(Mouvement; le peuple arabe forme des groupes animés; l'armée française prend ses lignes. Abdallah, monté sur un char traîné par un lion, paraît sur une des voies romaines; étonnement général: Abdallah disparaît pour reparaître bientôt sur l'autre voie romaine. Les Arabes témoignent leur admiration par des cris prolongés. Parvenu au point le plus élevé, Abdallah dételle le lion, pose la main sur sa crinière et regarde la foule qui le salue de ses acclamations. — Le rideau tombe sur ce tableau.)

FIN.

Paris. — Imprimerie de Boulé et Cie, rue Coq-Héron, 3.

NOTICE

SUR M. CARTER ET SES ANIMAUX.

Tout Paris connaît déjà M. Carter, cet homme, sans contredit, si extraordinaire, et qui l'emporte incontestablement sur ceux qui ont jusqu'à ce moment voulu passer pour ses rivaux.

Nous avons encore présente à notre esprit la profonde impression qu'il produisit sur nous, lorsque nous assistâmes pour la première fois, il y a six ans, à la pièce dans laquelle étaient encadrés les exercices de ses animaux.

Lorsque M. Carter nous quitta, en **1839**, il n'avait qu'à se louer de la manière dont le public parisien avait récompensé ses efforts ; mais il partit, songeant à revenir et à prouver qu'il pouvait mieux faire encore.

En effet, les animaux que M. Carter a amenés cette fois avec lui ne sont plus les mêmes que ceux qu'il avait lors de son premier séjour à Paris. Son magnifique tigre et son lion sont tous deux jeunes et pleins d'énergie ; leur éducation lui a donné la plus grande peine, et ce n'est pas sans avoir couru les plus grands dangers qu'il a pu les rendre obéissans et soumis à ses moindres volontés.

Il faut assister au repas de ces animaux pour se faire une juste idée du naturel sanguinaire de ces habitans des forêts ; c'est une chose vraiment effrayante que de voir la voracité avec laquelle ils engloutissent les 80 kilogrammes de viande plus ou moins fraîche que leur budget leur alloue tous les matins.

C'est à ce moment qu'il est plus dangereux de les approcher, et, souvent, il se passe quelque tragique aventure. Tout récemment, une lionne n'avait pas trouvé sa part assez forte et elle avait jugé à propos de la parfaire au moyen du bras d'un gardien, qui avait eu bonhomie de la laisser promener trop près de la cage. Le pauvre homme, heureusement, en été quitte pour la peur.

On a répandu plusieurs versions sur M. Carter ; chacun a prétendu connaître le secret du procédé dont il se sert pour faire passer les tigres, les lions et les panthères pour des caniches obéissans. Tout le monde indique un moyen : suivant les uns, c'est en prenant ses bêtes par la famine qu'il les a rendues aussi souples et qu'il les fait humblement ramper à ses pieds ; suivant les autres, la baguette magique qui a fait tomber les ongles des griffes du tigre et qui a arraché les dents du lion et de la lionne, n'est autre chose qu'une vigoureuse tringle en fer que ces animaux connaissent à merveille. A entendre ceux-ci, M. Carter a une puissance de regard qui a fait envie à plus d'un disciple de Saint-Simon ; il a un œil vitreux avec lequel il fascine, il magnétise ses animaux, tout en annihilant ainsi leurs forces, en assoupissant, pour quelques instans, leur féroce énergie. Il y a bien encore un quatrième parti ; c'est celui de ceux qui soutiennent, et qui seraient presque disposés à vous prouver, si vous le vouliez, que ce n'est pas par la faim, que ce n'est pas par les coups, que ce n'est pas par la magie de son regard que M. Carter vient à bout de tout son monde quadrupède ; ils prétendent pouvoir, dans des circonstances données, en faire autant que lui ; maintenant, si vous les questionnez, ils ne vous répondront pas, et vous diront que vous devez comprendre!!! Nous comprenons, en effet ; mais ce que nous ne pouvons pas comprendre, c'est que l'on puisse accréditer de semblables erreurs. Nous connaissons, nous, les moyens employés par M. Carter, et renvoyons le public au théâtre du Cirque-Olympique, pour qu'il puisse juger par lui-même : nous ne serons pas indiscrets ; personne ne nous en saurait gré.

M. Carter a traité avec l'administration de M. Gallois pour 30 représentations ; chaque soir il lui est compté la somme de 800 fr., qui lui est allouée par son traité.

Nous n'avons pas besoin de faire remarquer que M. Carter est taillé en Hercule, et qu'il passe pour un des plus beaux hommes que l'on connaisse. Nous savons plus d'une jolie femme qui regrette de ne pouvoir lui devoir que des rêves agréables.

P. S. E.